FACULTÉ DE DROIT DE PARIS.

Thèse

POUR LA LICENCE.

L'acte public sur les matières ci-après sera soutenu,

le samedi 19 août 1854, à une heure,

Par ÉDOUARD-FÉLIX GARNIER, né à Paris.

Président : M. PELLAT, Professeur.

Suffragants :
MM. ROYER-COLLARD,
VALETTE,
PERREYVE,
DELZERS,

Professeurs.

Suppléant.

Le Candidat répondra en outre aux questions qui lui seront faites sur les autres matières de l'enseignement.

PARIS,

VINCHON, FILS ET SUCCESSEUR DE Mme Ve BALLARD,
Imprimeur de la Faculté de Droit,
RUE J.-J.-ROUSSEAU, 8.

—

1854.

3672

A MON PÈRE, A MA MÈRE.

JUS ROMANUM.

— ❦ —

SI SERVITUS VINDICETUR.

QUEMADMODUM SERVITUTES AMITTUNTUR.

(D., viii, tit. 5 et 6.)

Servitus est jus prædio impositum, quo quis in suo aliquid pati aut non facere cogitur.

Servitutes sunt aut personarum, verbi gratia, ususfructus : aut rerum, id est, servitutes prædiorum.

Servitutes prædiorum urbanorum sunt : illæ quæ ædificiis inhærent ; rusticorum vero, quæ in solo consistunt.

Omnes servitutes sunt res incorporales, sed servitutes prædiorum ante Justiniani tempora declarantur res mancipi.

De servitutibus proditæ sunt duæ actiones in rem, scilicet confessoria et negatoria. — Confessoria ei qui servitutem sibi competere contendit ; negatoria, ei qui negat suum fundum esse servituti subjectum.

DE CONFESSORIA ACTIONE.

Nemo potest vindicare servitutem, nisi dominus fundi cui servitus deberi dicitur.

Tamen licet sepulchra quæ sunt res religiosæ dominii nostri non sint, tamen viam ad sepulchrum possumus vindicare.

Si fundus cui servitus debetur, plurium sit, actio confessoria competit unicuique in solidum, et si vicerit, victoria non solo agenti, sed etiam aliis proderit; si vero culpa sua litem perdiderit de communi servitute, hoc cæteris non erit damnum.

Et actio competit etiamsi non fiat controversia ipsius servitutis, verbi gratia, si quis viam reficere non patiatur.

Si servitus consistit in non faciendo, actio confessoria datur si hoc factum fuerit.

Non solum adversus dominum fundi servientis, sed etiam adversus quemcumque ex familia domini, qui servitutem impedierit.

Corpus fundi servientis, nec locus quo fundus servit, sed jus prædii dominantis hac actione vindicatur.

In hoc actum fructus servitutis veniunt, id est omne commodum quod interest agentis servitutem non prohiberi.

Qui actione confessoria vicit, id obtinet, ut officio judicis jus suum restituatur, aut cautio præstetur de jure restituendo et non inhibendo. Si vero neque res præstetur, neque cautio, tanti condamnabitur reus quanti actor in litem juraverit.

DE NEGATORIA ACTIONE.

Actio negatoria competit ei qui fundi sui libertatem vindicat, et ob id fundo vicino servitutem debere negat.

Hic modus agendi per negationem juris alterius descendit ex

stricta et angusta conceptione formularum, etenim actio in rem sic concepta erat : aio hanc rem esse meam ex jure Quiritium, quod non impediebat, quominus alter haberet servitutem eodem fundo. Igitur nulla alia via aperiebatur domino cui querebatur servitutem in suo fundo exerceri, nisi agendo negatur juris alieni.

Ut aliquis negatoria actione experiatur, non necesse est ut fundus omnimodo liber sit servitutibus, sufficit ut liber sit adversum fundum vicini, cum quo agit.

Hæc actio non tantum prodest, ut vicinus actu, via, vel liminibus abstineat, aut etiam opera sua destruat, sed etiam officio judicis continetur, ut cautio in futurum detur.

Veniunt fructus in hac actione pariter ac in actione confessoria.

Lucet in omni actione onus probandi incumbit ei qui dicit.

Pauca nunc de actione oneris ferendi. In hac actione aliquid speciale et proprium invenitur : fundi servientis dominus non solum ad patiendum cogitur, sed etiam ad faciendum ; prævaluit Servi sententia adversus Gallum in hac specie.

Tamen si dominus fundi servientis malit suum fundum derelinquere, audiendus erit.

QUEMADMODUM SERVITUTES AMITTUNTUR.

Servitutes amittuntur pluribus locis, scilicet :

1° *Confusione.* — Nam quum res sua nemini servit jure servitutis, si utriusque prædii idem fuerit dominus, servitutes evanescunt.

Si vero per plures fundos servitus debeatur, et si dominus fundi cui debitur servitus, medium fundum acquisierit, servitus manet in reliquis ; sufficit enim dominum posse ea uti servitute.

2° *Remissione.* — Si dominus cui servitus debetur fundo se vienti libertatem donavit vel tacite vel expressis verbis, rem sio haberi dicitur.

At si fundus plurium sit, et si ab omnibus dominis servi non remittatur, nullius momenti est remissio.

3° *Non utendo.* — Omnes servitutes tam rusticorum qu urbanorum prædiorum extinguuntur non utendo per præscr tum tempus. — Ante Justiniani tempora biennium tempus e statutum, imperator autem statuit ut decennium fiat inter p sentes, vicennium inter absentes.

Rusticæ autem servitutes cum solo facto exonantur exti guuntur pariter facto cessanti, id est non utendo.

Urbanæ autem quæ sine facto hominis exercentur non exti gui possunt, nisi dominus fundi servientis libertatem usucep rit, faciendo aliquid contrarium servituti, veluti fenestr obstruendo aut stillicidium auferendo.

Notandum est dominum fundi cui servitutes debentur non solum per se, sed etiam per quemlibet fundi nomi utentem, veluti per socium, fructuarium; bonæ fidei vel ma fidei possessorem, vel per eum qui vi, clam aut precario p sidet : imo per hospitem, amicum, colonum.

Si certus modus servituti imponitur, servitus amittitur si eo modo non usum fecerit.

Idem res se habet, si factum fuerit quod non licet.

Favore religionis iter sepulchro debitum non utendo nu quam amittitur.

Adversus pupillum non currit præscriptio.

4° *Interitu rei.* — Servitutes prædiales sunt jura in re et co poribus inhærent, et cum iis pereunt aut permanent. Igitur int ritu sive dominantis, sive servientis fundi amittuntur.

Si vero ædes restitutæ fuerunt, servitus restituitur.

Servitus non extinguitur, si tantummodo forma fundi mut

tur, et si temporale impedimentum, veluti ex inundatione agri usui obfuerit; cessante causa servitus renovatur.

5° *Resolutione.* — Principium resoluto jure dantis resolvitur jus accipientis, locum habet in nostra materia. Igitur si fundus legatus fuerit sub conditione, et si heres imposuit servitutes huic fundo, extinguentur cum legati conditio adimpletur.

POSITIONES.

I. Quod dicitur in Institutionibus : sane uno casu. De actionibus par 2 pertinet ad actiones negatorias.

II. Non solum domino, sed etiam possidenti competit actio confessoria.

III. In actione negatoria competit probatio ei qui servitutem deberi dicit.

IV. Servitutes prædiorum urbanorum non aliter extinguuntur non utendo, quam si dominus fundi servientis libertatem sui fundi usuceperit.

DROIT FRANÇAIS.

DE L'USAGE ET DE L'HABITATION.

(Code Nap., art. 625 à 635, 637-639, 687-710. — Code forestier, art. 61-85, 118 à 121.)

Le droit le plus étendu qu'une personne puisse avoir sur une chose s'appelle propriété.

Ce droit est complexe, et comprend le droit d'user, de jouir et de disposer de la chose d'une manière exclusive.

Ces différents attributs de la propriété peuvent être répartis entre plusieurs personnes distinctes. Ainsi l'usage peut appartenir à un individu, la jouissance à un autre, la nue propriété à un troisième.

Nous avons à nous occuper du droit d'usage.

Dans une acception propre et rigoureuse, l'usage ne serait que le droit de se servir d'une chose, sans en prendre aucun fruit, ni aucun produit : *Usum sine fructu.* Mais ainsi entendu, le droit d'usage serait souvent illusoire ; aussi les Romains, qui conservèrent au droit d'usage un caractère particulier, finirent cependant par donner à l'usage un peu des fruits et un peu des

3672

produits ; mais ils n'agissaient ainsi que *benigna interpretatione* lorsque l'usage était constitué par legs, et semblait, d'après l'intention du constituant, susceptible d'extension.

Chez nous, cette exception du droit d'usage est devenue le droit commun, et outre l'utilité de la chose, l'usager a droit aux fruits et aux produits dans la mesure de ses besoins et de ceux de sa famille.

L'usage n'est donc, dans notre droit, qu'un usufruit restreint. L'art. 625, qui n'est guère qu'une reproduction littérale de Institutes, manque d'exactitude en disant que le droit d'usage s'établit et se perd de la même manière que le droit d'usufruit. En effet, le droit d'usufruit peut être établi par la loi, et chez nous il n'existe pas d'usage légal ; en effet, le droit accordé par l'art. 1465 à la veuve commune, de prendre sa nourriture et celle de ses domestiques sur les provisions existantes, ne peut être regardé comme un usage légal. Pour justifier l'art. 625, remarquons seulement que le législateur, en disant que le droit d'usage s'établit comme le droit d'usufruit, a parlé de *eo quod plerumque fit*, c'est-à-dire de la constitution la plus ordinaire de l'usage, celle qui résulte de la volonté de l'homme.

L'usage peut en effet se constituer par acte entre vifs ou par testament. Dans ces deux cas, la constitution peut être faite directement au profit d'autrui, ou bien par déduction au profit du constituant et de ses héritiers, lorsque la nue propriété et l'usufruit sont donnés à un tiers.

Comme l'usufruit, l'usage peut recevoir différentes modalités, et peut être établi purement et simplement, à terme ou sous condition ; il peut aussi, comme l'usufruit, être établi sur toute espèce de biens, meubles ou immeubles.

Mais quelle est l'étendue du droit de l'usager ? la limite de ses droits n'étant pas fixée par le titre constitutif, il y a quelque difficulté sur l'interprétation du mot famille, dont la loi se sert dans les art. 629 et 630. Pour nous, nous croyons que le mot de famille comprend, outre les domestiques de l'usager, tous ceux à l'égard desquels il est tenu de la dette alimentaire, par exemple, son épouse, les ascendants, les enfants légitimes, naturels, adoptifs ; enfin, selon nous, la quantité de fruits dont peut avoir besoin l'usager peut varier, comme le nombre des personnes dont se compose sa famille.

L'usager doit jouir en bon père de famille, et il doit préalablement donner caution et faire des états et inventaires ; mais de cette obligation faut-il conclure que l'usager a, ainsi que l'usufruitier, un droit d'administration, et s'il peut être mis en possession du fonds soumis au droit d'usage, ou seulement se faire délivrer par le propriétaire ou le possesseur la portion de fruits auxquels il a droit ? Pour nous, nous admettons pour résoudre cette difficulté une distinction généralement admise, selon que l'usager absorbe tout ou portion des fruits du fonds. Dans le premier cas, il possèdera et jouira par lui-même ; dans le second cas, le propriétaire ou l'usufruitier lui délivrera les fruits nécessaires aux besoins de sa famille.

Il est généralement reconnu que l'art. 626 est soumis à la restriction de l'art. 601 ; ainsi, le législateur qui dispense de caution le donateur ou le vendeur sous réserve d'usufruit, n'a pas dû y soumettre le vendeur ou le donateur avec réserve du droit d'usage.

L'usager ne peut ni céder ni louer son droit (art. 631) ; cette disposition établit une différence notable entre l'usager et l'usufruitier ; elle est empruntée au droit romain, mais dans ce droit elle se justifie facilement, car l'usager romain avait droit à tout l'usage, et n'avait droit à aucune partie des fruits ; or, s'il lui eût été permis de céder ou de louer son droit, ce n'est plus l'usage de la chose qu'il aurait exercé, mais il eût véritablement recueilli les fruits ; cette prohibition a été maintenue chez nous, quoique l'usage soit le droit de prendre des fruits. Pour l'expliquer, on dit que les besoins du cessionnaire auraient pu être supérieurs à ceux de l'usager, et qu'alors la cession eût été dommageable au propriétaire. Cette raison n'est peut-être pas suffisante; car si on admettait la cession de l'usage, elle ne pourrait comprendre que la cession de fruits auxquels le cédant aurait droit. Reconnaissons cependant que la loi a voulu éviter les contestations auxquelles pourrait donner lieu l'étendue des besoins du cédant, surtout s'il était éloigné et si sa famille venait à augmenter ou diminuer.

L'usager, d'après l'art. 635, doit contribuer, en proportion des fruits qu'il recueille, aux charges ordinaires des fruits c'est-à-dire aux frais de culture, de réparation, d'entretien, au payement des contributions, et s'il absorbe tous les fruits, il en supporte les charges en entier.

Mais on a posé sur cet article la question de savoir s'il doit prendre la portion des fruits à laquelle il a droit sur le produit net, c'est à dire après payement des frais de culture et autres, ou s'il ne peut l'exiger que sur le produit brut, c'est-à-dire en supportant sa part dans les frais. Nous adoptons la première opinion, car il nous semble que c'est le seul moyen pour l'usager d'avoir les fruits dans l'étendue de ses besoins.

L'art. 625 dit aussi que le droit d'usage s'éteint comme l'usufruit ; ceci est encore trop général, car nous ne pouvons admettre que le droit d'usage s'éteigne par la mort civile de l'usager, du moins dans tous les cas, et nous pensons que si ce droit est constitué à titre d'aliments, il ressemblerait en ce point à la rente viagère plutôt qu'à l'usufruit (art. 1982), et que par conséquent il ne serait pas éteint par la mort civile. Mais aujourd'hui que la mort civile est abolie, cette discussion n'a aucun intérêt.

Quelques mots en passant sur l'habitation. En droit romain, le droit d'habitation était *quasi proprium aliquid jus,* mais chez nous ce n'est véritablement qu'un droit d'usage appliqué à une maison, aussi il est soumis aux règles qui ont été exposées pour le droit d'usage lui-même.

USAGES DANS LES BOIS ET FORÊTS.

Parlons d'abord de l'origine des droits d'usage. Elle est fort ancienne; on voit en effet sous la féodalité les seigneurs en concéder gratuitement ou moyennant une faible indemnité, pour attirer sur leurs propriétés les hommes nécessaires à l'exploitation de ces forêts.

Ces vassaux, qui ne possédaient rien, avaient besoin du bois nécessaire pour la construction ou la réparation de leurs maisons, il fallait donc leur concéder la faculté d'en prendre dans les forêts; de même pour le bois nécessaire à l'agriculture et au chauffage. On leur concéda encore le droit de laisser paître leurs troupeaux.

Ces concessions, d'abord personnelles, ne tardèrent pas à s'immobiliser, c'est-à-dire à s'attacher au sol. Au moyen de toutes ces concessions, les habitants ne tardèrent pas à s'agglo-mérer, et devinrent bientôt des communes, tout en conservant les droits d'usage. Il est facile de comprendre que ces usages, qui n'avaient aucune espèce d'inconvénient à une époque où les propriétés forestières étaient considérables, finirent par occasionner de graves abus. Pour les réprimer, Louis XIV rendit d'abord la célèbre ordonnance de 1669. Malgré ses sages dispo-sitions, elle finit avec le temps par être insuffisante; sous le droit intermédiaire, diverses lois essayèrent aussi de prévenir ces abus, jusqu'à ce que fût promulguée enfin la loi du 31 juil-let 1827.

Cette loi posa d'abord un principe dominant : c'est qu'à l'avenir aucun usage ne serait concédé dans les forêts de l'Etat, de quelque nature et sous quelque prétexte que ce pût être (art. 62); quant au passé, elle ne reconnut que les droits constatés par des actes du gouvernement ou des décisions judiciaires, ou ceux que les usages alors en jouissance faisaient constater dans le délai de deux ans, par des procédures régulières (art. 61). Les droits qui existent aujourd'hui sont fort nombreux ; ils peuvent cependant se diviser en deux classes, à savoir : les droits sur les bois eux-mêmes ou ceux s'exerçant sur la superficie seulement du terrain. Dans la première classe sont: 1° l'affouage, *ad focos*, ou prise de bois pour le chauffage; 2° le marronnage, ou prise de bois pour la construction; 3° la prise d'échalas pour la vigne; 4° la prise de merrain pour la fabrication des instruments d'agriculture. Dans la seconde se trouve : 1° le panage ou glandée pour les porcs ; 2° le pâturage des bestiaux.

Il faut d'abord bien constater la différence de ces usages réglés par des lois spéciales avec ceux réglés par le Code civil. Ces derniers sont attachés à la personne de l'usager, mais les usages dans les bois et forêts ont un caractère de propriété et sont affectés, soit au territoire d'une commune, soit à une portion de ce territoire, de telle sorte qu'elle est due à tous ceux qui habitent ou habiteront dans ce territoire.

Du cantonnement. — C'est en vue de réprimer les abus qu'occasionnent les usages dans les bois et forêts qu'a été organisé le cantonnement, c'est-à-dire la faculté de convertir les droits d'usage en un droit de propriété sur une partie du fonds, dont la totalité était soumise à l'exercice de l'usage.

Ce droit de cantonnement a une origine légale dans un arrêt du Parlement de Paris, et a été maintenu par les décrets du 21 septembre 1790, et par le Code forestier, mais ils n'appartient plus aujourd'hui aux usagers ; il appartient au gouvernement, aux communes, aux établissements publics et aux particuliers.

Le cantonnement est réglé de gré à gré, ou en cas de contestation, par les tribunaux, quelle que soit la qualité du propriétaire.

Un autre droit de rachat s'applique aux usages dans les bois, tels que le pacage, panage, glandée. Il n'est plus permis ici de restreindre l'usage à une propriété partielle dans laquelle l'usager ne trouverait pas l'utilité qu'on s'était originairement proposée pour la concession du droit d'usage, mais il y a lieu à une indemnité en argent qui est fixée de gré à gré, ou à titre d'experts par les tribunaux. Ici, comme pour le cantonnement, l'usager doit subir et non imposer le rachat. Il y a toutefois une exception à l'exercice de ce droit de rachat dans l'intérêt des communes pauvres, quand l'exercice du droit de pâturage est d'une absolue nécessité. S'il y avait contestation, les parties se pourvoieraient devant le conseil de préfecture, qui statuerait après une enquête *de commodo* et *incommodo,* sauf recours au conseil d'État.

Remarquons que dans toutes les forêts non affranchies au moyen du cantonnement ou du rachat, l'exercice des droits d'usage pourra toujours être réduit par l'administration, suivant l'état ou la possibilité des forêts.

Donnons maintenant quelques détails sur les différents droits d'usage : d'abord, droit d'usage en bois, les usagers ne peuvent prendre des bois pour leur commune, mais seulement pour leurs besoins, et ils doivent se contenter des produits annuels, sans pouvoir faire de coupes extraordinaires. L'exploitation des coupes n'a lieu qu'avec la permission de l'administration ; chaque usager n'a pas le droit de venir couper individuellement et emporter sa portion, mais la coupe est faite par un seul entrepreneur agréé par l'administration et nommé par la commune, qui répond de ses faits et délits.

L'usager ne peut échanger ni vendre son lot, s'il le faisait, on en concluerait qu'il n'en a pas besoin, et même une amende peut être prononcée contre lui (art. 83).

Si le bois pour la construction des maisons n'est pas employé dans le délai de deux ans, l'administration peut retirer les arbres non employés. Si les bois de chauffage n'ont pas été réclamés pendant un an, une plus grande quantité ne peut pas être réclamée l'année suivante.

2° *Droits d'usage dans les bois.*

L'exercice de ces droits est soumis à différentes dispositions qui ont pour but de conserver les jeunes arbres. L'usager ne peut, en effet, conduire au pâturage ni brebis, ni moutons, ni chèvres. Si ce droit était assuré à l'usager par un titre, il lui est dû indemnité.

Le droit de panage ou glandée ne s'exerce que pendant trois mois de l'année fixés par l'administration forestière, qui détermine aussi le nombre des porcs qu'on peut conduire dans la forêt.

Les troupeaux doivent avoir des chemins désignés par les agens forestiers, ils ne sont pas conduits séparément, mais bien par un pâtre ou des pâtres communs nommés par la commune, qui répond de leur négligence.

Les bestiaux doivent porter au cou une clochette, et être marqués d'un fer spécial pour chaque commune ou section de commune.

Enfin, tous ces droits d'usage ne peuvent s'exercer qu'après que l'administration a déclaré le bois défensable, c'est-à-dire assez fort pour résister à la dent des animaux.

Des droits d'usage des habitants dans les bois d'une commune.— Certaines communes sont propriétaires des bois, et les habitants ne sont plus usagers, mais réellement usufruitiers, car leurs droits ne sont pas limités à leurs besoins ; mais la coupe entière est partagée entre les habitants, qui peuvent vendre et échanger leurs portions.

Il est fait un rôle d'affouage indiquant le nom de l'usager et la taxe qu'il doit payer ; le lot ne peut être à lui qu'après le payement de la taxe.

Pour subvenir aux besoins de la commune, un quart de la forêt est réservé ; et même, en cas de nécessité, le droit des habitants est suspendu, et la coupe, au lieu d'être partagée, est vendue au profit de la commune.

DES SERVITUDES.

Le législateur a défini la servitude une charge imposée sur un héritage pour l'usage et l'utilité d'un autre héritage appartenant à un autre propriétaire (art. 657). Il résulte de là que pour l'établissement d'une servitude, il doit y avoir deux héritages, l'un appelé fonds servant et l'autre fonds dominant ; que ces deux héritages doivent appartenir à des maîtres différents, car *res sua nemini servit ;* que la servitude doit être établie sur un fonds en faveur d'un fonds, et non pas entre le propriétaire d'un fonds et un autre propriétaire. L'art. 638 dit que la servitude n'établit aucune prééminence d'un fonds sur un autre ; c'est pour écarter les maximes du système féodal, car l'orateur du gouvernement disait qu'il ne s'agit pas dans la servitude de ces prééminences d'un fonds sur un autre, qui prennent naissance dans le système à jamais aboli des fiefs.

Le législateur reconnaît trois espèces de servitudes : 1° servitudes dérivant de la nature des biens ; 2° servitudes légales ; 3° servitudes établies par le fait de l'homme. Cette division a été critiquée avec raison, car il n'y a vraiment de servitudes

3672

que celles établies par le fait de l'homme ; les autres ne constituent que le droit commun, puisque la propriété peut être limitée ou par la loi ou par des règlements.

Nous n'avons aussi à nous occuper que des servitudes établies par le fait de l'homme. Les particuliers peuvent établir sur leurs fonds toute espèce de servitudes, pourvu cependant qu'elles n'aient rien de contraire à l'ordre public, qu'elles ne soient pas imposées à la personne et qu'elles ne soient pas non plus établies en faveur de la personne.

Le Code présente deux divisions de ces servitudes : 1° article 687, nous trouvons les servitudes urbaines et les servitudes rurales, c'est-à-dire celles établies pour l'usage d'un bâtiment, soit que le bâtiment soit à la ville ou à la campagne, e celles établies au profit des fonds de terre. Cette division, empruntée au droit romain, avait beaucoup d'intérêt, parce que les servitudes rurales étaient choses *mancipi*, comme nous l'avons vu et les servitudes urbaines, choses *nec mancipi*. Chez nous, au contraire, cette division n'a pas d'importance, et elle se confond d'ailleurs avec la division des servitudes en continues et discontinues.

Les servitudes continues sont celles dont l'exercice est ou peut être continuel sans le fait actuel de l'homme.

Les servitudes discontinues sont celles au contraire qui on besoin pour être exercées du fait actuel de l'homme ; parmi le premières, rangeons les conduites d'eau, les égouts, les vues parmi les secondes, les droits de passage, puisage, pacage.

Enfin, il existe une division des servitudes en apparentes e non apparentes. Les servitudes apparentes sont celles qui s'annoncent par une marque extérieure, une porte, une fenêtre Les servitudes non apparentes sont celles qui n'ont pas de sign extérieur de leur existence : la prohibition de bâtir sur u fonds ou de ne bâtir qu'à une hauteur déterminée.

Comment s'établissent les servitudes.

Une loi reconnaît trois modes d'acquisition, savoir : 1° le titre exprès, 2° la prescription, 3° la destination du père de famille.

Du titre. — Ce mode d'acquisition est général, et il s'applique sans distinction à toute espèce de servitudes. Remarquez que le mot titre est pris en deux sens et exprime, en effet, la clause génératrice de la servitude, le testament ou la convention, de même que l'écrit qui constate le fait constitutif de la servitude. Si le titre originaire est perdu ou détruit, on peut le remplacer par un autre titre, que l'on appelle récognitif, parce que l'existence de la servitude y est reconnue.

De la prescription. — Nos anciennes communes variaient beaucoup sur l'admission de ce mode de constitution de servitudes.

Le Code tranche toutes ces divergences, et la prescription s'accomplit par une durée de trente ans.

Le délai, autrefois, variait selon les coutumes, et même il fallait souvent une possession immémoriale. La prescription de trente ans n'est admise, du reste, que pour les servitudes qui sont à la fois continues et apparentes ; aussi les servitudes apparentes discontinues et continues non apparentes ne s'établissent pas par la prescription de trente ans.

Destination du père de famille. — La destination du père de famille est une certaine disposition, au moyen de laquelle le propriétaire de deux héritages a destiné l'un d'eux au service de l'autre.

La loi dit que la destination du père de famille vaut titre, en ce sens qu'elle en fait supposer l'existence. Il est facile en effet, d'admettre que les parties ont tacitement entendu que les choses resteraient, après leur séparation, dans l'état où elles étaient au moment où elles ont cessé d'appartenir au même propriétaire, et que c'est par lui que les choses ont été mises ou laissées dans l'état duquel résulte la servitude.

Mais comment va être stipulée cette preuve? les coutumes de Paris et d'Orléans n'admettaient que la preuve par titre, et le Code n'ayant rien dit à cet égard, on admet toute espèce de preuve.

DES DROITS DU PROPRIÉTAIRE DU FONDS AUQUEL LA SERVITUDE EST DUE.

L'étendue de ses droits est réglé d'après le titre constitutif (art. 681); on doit interpréter ce titre d'après la commune intention des parties en ayant égard au but de la servitude, et se décider, dans le doute, en faveur de la liberté.

Si la servitude a été acquise par prescription, il faut s'attacher à la règle *tantum prescriptum quantum possessum*.

Quand la servitude est ainsi déterminée, le propriétaire du fonds dominant peut faire, pour user de la servitude ou pour la conserver, tous les ouvrages qui sont nécessaires dans le principe ou qui le deviendront dans la suite.

D'après la nature des servitudes, elles consistent, en général, à s'abstenir ou à souffrir, et les travaux sont à la charge du fonds dominant, mais la loi permet d'imposer cette nouvelle charge comme accessoire au fonds servant, dont le propriétaire pourra du reste s'affranchir par l'abandon du fonds assujetti.

Une servitude est, en quelque sorte, une qualité du fonds dominant, mais elle est due à toutes ses parties. Si donc le fonds dominant est divisé entre divers copropriétaires, chacun d'eux a droit à la servitude, sans que, néanmoins, la condition du fonds assujetti soit aggravée.

Le propriétaire du fonds dominant peut aussi exiger qu'il ne soit rien fait contre son droit; ainsi l'exercice de la servitude ne pourrait être transféré arbitrairement d'un endroit à un autre.

Cependant la loi fait fléchir ce principe, si ce changement peut être utile au fonds servant, sans nuire au fonds dominant.

Comment les servitudes s'éteignent.

Il y a trois causes d'extinction : 1° impossibilité d'user ; 2° confusion ; 3° non usage pendant trente ans.

1° *Impossibilité d'user.* — Cette extinction résulte de la nature des choses, mais cette cessation fondée sur une nécessité ne détruit pas le droit ; et, par conséquent, la servitude revivra lorsque le rétablissement des biens rendra de nouveau l'usage possible ; il faut cependant qu'il ne se soit pas écoulé un assez long temps pour qu'il y ait eu extinction définitive, c'est-à-dire le délai de trente ans.

2° *Confusion.* — C'est la réunion dans la même main du fonds servant et du fonds dominant, car on sait que *res sua nemini servit*.

3° *Du non usage pendant trente ans.* — La loi est plus favorable à l'extinction des servitudes qu'à leur acquisition. La prescription, en effet, ne peut faire acquérir que les servitudes continues et apparentes, et, au contraire, le non usage peut éteindre toute espèce de servitudes.

Mais à l'égard des servitudes discontinues et des servitudes continues, il y a une très-grande différence, quant au point de départ de la prescription. Pour les servitudes continues, en effet, comme elles s'exercent sans le fait actuel de l'homme, on est censé en user tant qu'il n'a pas été fait un acte contraire à notre droit, et la prescription ne part que de cet acte contraire. A l'égard des servitudes discontinues, la prescription commence

www.ingramcontent.com/pod-product-compliance
Lightning Source LLC
Chambersburg PA
CBHW050440210326
41520CB00019B/6007